李金元语录

李金元　凯文·麦康基　著

MENGGAPAI MIMPI ANDA

Kata-kata Bijak
Li Jinyuan

Oleh Li Jinyuan, Kevin McConkey

壹嘉出版　1 PLUS BOOKS

成就梦想

前言

作为一名中国公民、企业家、慈善家，李金元先生行事低调，他将帮助他人获得健康、幸福和财富视为自己的责任，支持、帮助了世界各地的人们。

他追求人性的基本美德，他的领袖气质散发着独特的魅力，他对于全人类大家庭有着大爱。只要你听过他的讲话，你就会清楚地看到他是如何理解中国古代的传统文化和把握现代中国的发展方向，他透彻而充满力量的评论影响激励了很多的人。

出版这本书是为了将他的理念传播得更远，引导读者在自己的生活中进行反思并付诸实践。凯文·麦康基通过与他进行讨论和回顾他的演讲，以"健康"、"幸福"和"财富"作为关键词，总结提炼了他的人生感悟。这也是李金元先生所希望的。

Prakata

Li Jinyuan, sebagai seorang manusia, pebisnis, filantropis, dan warga negara Tiongkok telah membantu, membimbing dan mendukung banyak orang di seluruh dunia. Dia telah melakukannya secara diam-diam dan tanpa sepengetahuan khalayak ramai, dengan keyakinan bahwa dia memikul tanggung jawab untuk membantu orang lain demi mendapatkan kesehatan serta menggapai kebahagiaan dan kekayaan.

Keyakinannya yang teguh akan adanya kebajikan mendasar dalam diri setiap orang, karismanya sebagai seorang pemimpin, cinta dan komitmennya pada sesama manusia, serta pegangannya pada tradisi Tiongkok kuno dan masa depan Tiongkok modern tampak jelas bagi orang lain saat mereka mendengar tutur katanya. Kejelasan dan kekuatan ucapannya telah menginspirasi banyak orang.

Kumpulan pemikiran Li ini merupakan cara untuk semakin mempertegas pemikirannya, dan melakukannya dengan cara yang membuat pembacanya dapat merenung dan mencari petunjuk hidup. Kevin McConkey mengumpulkan pemikiran-pemikirannya melalui diskusi dan ulasan dari presentasi dan pidato Li. Kami telah mengelompokkan kata kunci dan pemikirannya ke dalam kategori tentang kesehatan, kebahagiaan dan kekayaan karena inilah harapan Li Jinyuan untuk semua orang.

作者

Penulis

李金元毕业于南开大学。他是天狮集团的创始人，这是一家总部位于中华人民共和国天津市的民营企业。由于他的工作和对社会的贡献，他曾多次获得国际、国内奖项。本书包括一篇他的简短传记。

Li Jinyuan, yang notebene lulusan Nankai University, adalah pendiri sekaligus ketua Tiens Group Co. Limited, sebuah perusahaan swasta yang berkantor pusat di Tianjin, Republik Rakyat Tiongkok. Ia telah menerima penghargaan dan kehormatan di dalam negeri Tiongkok serta dari seluruh dunia atas karya dan sumbangsihnya pada masyarakat. Sebuah biografi singkat Li disertakan dalam buku ini.

李金元　Li Jinyuan

作者

Penulis

凯文·麦康基 Kevin McConkey

凯文·麦康基毕业于澳大利亚昆士兰大学，是新南威尔士大学心理学荣誉教授。他是天狮集团的国际顾问。他曾获得多种奖项和荣誉，包括澳大利亚社会科学院研究员，澳大利亚公司董事协会成员，以及澳大利亚勋章。

Kevin McConkey adalah lulusan University of Queensland dan professor emeritus di bidang Psikologi pada University of New South Wales, Australia. Ia adalah Penasihat Internasional di Tiens Group. Ia telah menerima penghargaan dan kehormatan di Australia, termasuk sebagai Fellow di Academy of the Social Sciences di Australia, Fellow di Australian Institute of Company Directors, dan anggota Order of Australia.

致谢

Ucapan Terima Kasih

我们非常感谢李金元先生与我们讨论并分享他的想法。我们也要感谢张可、杨学哲和李至斌的协助，帮助我们整理汇编李金元先生在演讲文稿和会议报告中的精彩论点与思想火花，感谢克里斯多夫·希迪准备传记摘要并审校英文，感谢尉明辉、杨学哲、李至斌、路茜、刘玉莹和张艳菁准备和审校中文，还要特别感谢阎玉鹏和路茜的协调配合。我们还感谢视觉共振设计工作室提供设计和插图，以及壹嘉出版和咨询公司的刘雁对出版物的整体编校和协调。

Kami berterima kasih kepada Li Zhibin, Yang Xuezhe dan Zhang Kee atas bantuannya mengumpulkan komentar Li dalam berbagai pidato dan presentasi, kepada Christopher Sheedy yang menyiapkan biografi singkat dan meninjau ungkapan dalam bahasa Inggris, dan kepada Li Zhibin, Lu Xi, Liu Yuying, Wei Minghui, Yang Xuezhe, Michael Yu, dan Zhang Yanjing yang menyiapkan dan meninjau ungkapan dalam bahasa Tionghoa. Kami juga mengucapkan terima kasih khusus pada Lu Xi dan Yan Yupeng atas seluruh koordinasi dan dukungan yang besar dari mereka.

Kami pun berterima kasih kepada PanGoVision atas desain dan ilustrasi yang dibuatnya, dan kepada Liu Yan dari 1 Plus Publishing and Consulting atas ulasan editorial dan koordinasi publikasi yang disajikannya.

李金元小传

克里斯多夫·希迪

　　他以超凡的想象力创造了世界上最大的聚焦大健康产业的跨国集团之一。他白手起家，如今公司已经发展成为业务遍及190多个国家和地区，赢得4000多万家庭消费者信赖的跨国集团。亿万富豪企业家李金元先生以其独到的商业模式，激发了全球千千万万的创业灵感，带来事业机会。他的财富历程充满了坚定的决心，他的事业成功基于对人性的深刻理解与精准把握。这些独到的见解，使得李金元先生能够广泛汇聚他人参与到他的事业梦想。

Christopher Sheedy

Biografi Singkat

Li Jinyuan

Seseorang membayangkan dan menciptakan salah satu organisasi terbesar di dunia yang berfokus pada kesehatan. Dia membangun sendiri perusahaan tersebut, mulai dari bawah, hingga saat ini menjadi perusahaan multinasional yang dihormati, yang memiliki lebih dari 40 juta pelanggan di 190 negara. Kini sebagai inspirasi global bagi ribuan orang, pengusaha miliuner Li Jinyuan menemukan jalannya sendiri di dunia bisnis, perjalanannya dinyalakan oleh tekad murni, dan keberhasilannya bergantung pada pemahamannya yang mendalam dan alami tentang kodrat manusia. Pemahaman ini menjadikannya mampu menarik orang ke dalam mimpinya.

Jalan menuju sukses tidaklah mulus dan dipenuhi pergumulan, namun sang pengusaha tidak menyesalinya. Perjalanan ini, menurutnya, dimulai saat dia masih seorang anak kecil yang tumbuh di desa pada era Mao Zedong. Pada masa itu pun Li sudah tahu bahwa dia dilahirkan untuk membuat perbedaan, namun dia tidak tahu bagaimana caranya. Walaupun dia sangat antusias terhadap pendidikan, dia memilih untuk berhenti sekolah di usia 14 dan melanjutkan pendidikannya di dunia nyata.

成功的道路并不平坦，但企业家要获得成功没有其他道路，只有持续地奋斗。他的奋斗在他还是个大男孩的时候就已经开始，他成长于毛泽东时代的中国农村，他相信他注定会做出一番与众不同的大事业，尽管当时他并不明确知道这要如何实现。他渴望接受教育，但他还是在14岁时选择离开学校，在社会这所大学里继续学习成长。

　　他的第一份工作，是在国有企业从事石油开采，李金元先生的创业之火即将点燃。他回忆道："我花了几年时间，随工程队在中国各地开采石油。""但后来我被调到了行政后勤工作。我的工作是帮助改善工友的生活，我开始在中国各地采购商品。"

　　故事从一卡车油的贸易交换开始，通常他会把油运到沿海地区，交易新鲜捕获的鱼。有时候就运回鱼，或者有时候将鱼交易成面粉，面粉交易啤酒，啤酒交易自行车等。每次他带回的货物价值都比运出去的油价值高。这个年轻的采购谈判专家越来越得心应手。而事实证明，李金元先生非常擅长这项工作。

　　几年之后，他开始了自己的生意，在自由市场上开展贸易，积累了人生的第一桶金，并用这些资金在他的家乡河北省沧州周边兴建了几家工厂——面粉厂、塑料厂、蛋白粉厂，而这些只是他事业的刚刚起步。

Di pekerjaannya yang pertama, yaitu mencari minyak dengan perusahaan negara, bakat Li sebagai wirausaha langsung terlihat. "Selama beberapa tahun saya bepergian keliling Tiongkok dengan tim, mengebor minyak," kenangnya. "Tapi kemudian saya ditawari peran untuk menangani sumber daya manusia. Tugas saya adalah membantu meningkatkan taraf hidup para staf di perusahaan, maka saya mulai berdagang di berbagai wilayah di Tiongkok."

Dia mulai dengan satu truk minyak, yang dia bawa ke daerah pesisir untuk ditukar secara barter dengan ikan yang baru ditangkap. Perdagangan bisa selesai sampai di situ, atau ikan itu bisa saja dijual untuk mendapatkan tepung, dan tepung dijual lagi untuk mendapatkan bir, bir untuk sepeda, dan seterusnya, selama dia mendapatkan hasil lebih besar daripada saat dia berangkat. Negosiator muda ini melakukan tugasnya. Dan terbukti bahwa Li melakukannya dengan sangat baik.

Beberapa tahun kemudian, dia menjadikan tugas itu sebagai bisnisnya sendiri, menjual barang di pasar terbuka dan menghasilkan uang yang cukup besar, yang ia gunakan untuk membangun beberapa pabrik dekat kampung halamannya di Cangzhou, Provinsi Hebei. Bisnisnya memproduksi tepung, plastik dan produk protein, namun itu baru langkah permulaan.

Li menyadari adanya kesempatan baru untuk menggulirkan bisnis yang akan langsung bermanfaat bagi kesehatan pelanggan (hidup tanpa kesehatan, kata Li, "tak ubahnya bumi tanpa matahari.").

后来，李金元先生意识到一个新的市场机遇，那就是创造一个直接利于广大消费者健康的产业（如李金元先生所说，生活失去健康，就等于地球没有太阳）。天狮集团应运而生，他的第一款产品是骨骼强化营养配方的高钙素（目前仍然是天狮最畅销的拳头产品）。

伴随他深爱的中国经济飞速发展，他的事业版图也迅猛扩张。然而，李金元先生从来没有忘记他对教育事业的热情，也从没忘记他要改变世界的初心，所以在他刚刚有能力付诸行动的时候，他就毅然在自己的家乡沧州，为当地的孩子们修建了两所全新的学校，改善当地教育条件。此后，他在中国和世界各地，资助援建了超过 100 所学校。

随着天狮集团的事业改善全球数千万家庭的健康水平并提升生活质量，李金元先生还将其业务版图延伸至教育事业。他创建了招收 6000 名学生规模的天狮学院，这是目前天津唯一的私立本科高等教育机构。2017 年，李金元先生的教育梦想将再次升级，他将兴建一所可容纳 30000 名学生的新的大学校园。

一路走来，李金元先生不断将财富与众多全心支持天狮事业的人们分享。截至目前，李金元先生及天狮集团在教育、医疗、灾害救助、公益组织、慈善机构、扶贫项目等方面资助的爱心款物超过 15 亿元人民币(超过 2.3 亿美元)，李金元先生也因热衷慈善事业而闻名。

Dari situ lahirlah Tiens Group, produk pertamanya (dan tetap menjadi produk paling laris) formula nutrisi untuk memperkuat tulang yang dikenal sebagai Super Calcium Powder.

Seiring pertumbuhan kekayaan negeri Tiongkok yang dia cintai, bisnisnya pun terus berkembang. Tapi Li tidak pernah lupa minat aslinya terhadap pendidikan atau motivasinya untuk menciptakan perbedaan di dunia. Saat dia sudah mampu, dia kembali ke kota asalnya di Cangzhou dan membangun sekolah baru untuk anak-anak di kampungnya. Sejak saat itu dia telah mendanai pembangunan lebih dari 100 sekolah di Tiongkok dan negara lain.

Tiens Group mulai menghasilkan dampak positif bagi kesehatan jutaan orang di seluruh dunia, Li juga mengarahkan bisnisnya ke dunia pendidikan. Dia membangun Tianshi College, fasilitas yang bisa menampung 6.000 mahasiswa dan merupakan satu-satunya lembaga pendidikan tinggi swasta di Tianjin. Pada tahun 2017, mimpi Li di bidang pendidikan mengalami kemajuan pesat dengan dibangunnya kampus universitas baru yang bisa mendidik 30.000 mahasiswa setiap tahun.

Dalam perjalanannya, Li berbagi kesejahteraan dengan orang-orang yang mendukung pergerakan yang dekat dengan hatinya. Li dan Tiens Group, yang terkenal dengan kegiatan filantropi, sampai saat ini telah menghibahkan lebih dari 1,5 miliar RMB (senilai lebih dari USD$230 juta) ke berbagai sekolah dan rumah sakit, dana bantuan bencana dan amal, perorangan dan keluarga yang membutuhkan.

"想象如何改善人们的生活，是我童年最美好的记忆。"李金元先生说，"如今我有能力付诸实施，这就是我梦想的实现。"

　　"每当我看到人们痛苦、饥饿的时候，我感同身受。当我还是孩子的时候，我就曾把我的饼干分发给穷苦的小伙伴，因为当我看到他们的苦难，我的心里就感到非常的沉重，因此每个月我都向穷困的人分发饼干。"

　　"我的美好记忆都是关于自我激励，坚信我可以改变世界让其更美好，而我不好的回忆都是来源于他人的痛苦。创办企业的经历，让我能在改善别人的生活上发挥更大的作用。"

　　李金元先生对人性的驱动力的独特见解，从幸福到遗憾，从参与到冷漠，从胜利到悲观，都为他非凡的成功提供了动力。在这本书中，李金元先生分享了他近半个世纪的商业和慈善成就所获得的智慧、知识和经验，希望您有所收获。

　　只要你相信，他说，你就会获得幸福、感恩和希望。别无他途。

"Kenangan terindah bagi saya di masa kecil adalah saat saya membayangkan bahwa saya sanggup membantu meningkatkan taraf hidup orang banyak," katanya. "Sekarang saya mampu melakukannya, ini adalah perwujudan mimpi saya."

"Saya melihat banyak orang menderita dan kelaparan. Waktu masih kecil, ketika punya kue, saya memberikan kue itu kepada orang miskin karena tatkala melihat orang menderita, itu menjadi beban psikologis untuk saya. Setiap bulan saya berusaha membagikan kue untuk orang miskin.."

"Jadi kenangan indah saya adalah tentang motivasi diri sendiri, dan berpikir bahwa saya bisa mengubah keadaan. Kenangan buruk saya berasal dari peristiwa di mana saya menyaksikan penderitaan orang lain. Perjalanan kewiraswastaaan yang saya lalui membuat saya mampu membuat perbedaan yang lebih besar."

Wawasan Li yang luar biasa tentang motivasi sifat dasar manusia, dari kebahagiaan sampai penyesalan, dari keterlibatan sampai apatisme, dan dari kemenangan sampai tragedi, telah memberinya kekuatan untuk meraih keberhasilan yang fenomenal. Dengan harapan agar Anda menyukainya, di buku ini sang Ketua, Li, membagikan hikmat, pengetahuan dan pengalaman yang didapatnya dari pencapaian bisnis dan filantropi yang dilakoninya selama lebih dari setengah abad.

"Jika Anda percaya," katanya, "Anda akan menggapai kebahagiaan, rasa syukur dan harapan. Tidak ada hal lain yang lebih penting."

文化 Budaya 34	家 Rumah 35	爱 Cinta 36	幸 福
孩子 Anak 37	快乐 Kebahagiaan 39	和谐 Keselarasan 40	KEBAHAGIAAN
沟通 Komunikasi 41		同情心 Belas Kasihan 42	
感恩 Rasa Syukur 43	家庭 Keluarga 44	改变 Perubahan 45	
独处 Sendirian 46	希望 Harapan 48	助人 Pertolongan 49	
欲望 Keinginan 50		遗憾 Penyesalan 51	
仪式 Upacara 52	谅解 Pengampunan 53	平凡 Biasa 54	
妥协 Kompromi 55	慈善 Amal 55	目标 Tujuan 56	
晚年幸福 Kebahagiaan di Masa Tua 59		牺牲 Pengorbanan 60	
年轻人 Kawula Muda 61	悔恨 Kebencian 62	自私 Keegoisan 63	
海洋 Samudra 64	慷慨 Murah Hati 65	马 Kuda 67	

财富 KEKAYAAN	尊重 Rasa Hormat 70	创新 Inovasi 71	贫穷 Kemiskinan 72
	能量 Kekuasaan 73	逆境 Kesulitan 74	金钱 Uang 75
	成功 Kesuksesan 76	努力 Upaya 77	命运 Nasib 78
	勇敢 Keberanian 78	挑战 Tantangan 79	财富 Kekayaan 80
	团队 Tim 81	领导力 Kepemimpinan 81	
	历史 Sejarah 82	决定 Keputusan 84	腐败 Korupsi 85
	龙 Naga 86	动力 Motivasi 87	前进 Maju 88

时间 Waktu 90	不可能 Mustahil 91	斗牛士 Matador 91
道路 Jalan 92	中国 Tiongkok 93	
文明 Peradaban 94	遗产 Warisan 95	机会 Kesempatan 96
选择 Pilihan 97	才能 Bakat 98	工作 Kerja 99
传统 Tradisi 99	非凡 Luar Biasa 100	
公司 Perusahaan 100	执行 Pelaksanaan 101	一线 Lini Depan 103
管理 Manajemen 104	竞争 Persaingan 105	

Dinasti Ming
Wen Zhengming
Cemara, Bambu dan Batu

Wen Zhengming mewakili genre Wu pada
Dinasti Ming. Ia menganut gaya yang
bersih dan elegan yang selaras dengan
sejarah panjang tradisi Tiongkok.

风格清雅秀丽。

文征明是明代吴派的代表画家，

《古柏竹石图》◎ 明 ◎ 文征明

第一部

健康

I

KESEHATAN

力量

感恩令人强大有力。如果你
的周遭没有爱，你也不能给
予爱，你就是个失败者。
有了爱和感恩这样的积极力
量，才能有积极的态度，引
领你走向完美与强大。

KEKUATAN

Kita kuat dan sehat manakala kita bersyukur. Jika
tidak ada kasih yang menaungi kita dan kita tidak
memberikan kasih kepada orang lain, kita kalah. Saat
kita memiliki unsur kasih dan rasa syukur yang sebe-
narnya, semakin banyak kekuatan yang kita raih. Ini
kekuatan positif yang mengarah pada sikap positif
sempurna dari kekuatan dan kesehatan.

睡眠

坦诚的心和良好的睡眠让我
们能更好地面对困难，应对
生活的挑战，享受生活中的
美好时光。积极的态度和良
好的睡眠是帮助你恢复的最
好途径。当你醒来的时候，
你会有更好的态度去面对世
界，充满活力地前行。

TIDUR

Hati yang terbuka dan tidur lelap membuat kita mampu menghadapi kesulitan, sanggup menghadapi tantangan hidup, dan lebih menikmati saat-saat indah dalam hidup. Sikap positif dan tidur lelap adalah cara terbaik memulihkan diri dari tantangan hidup. Ketika bangun, kita membentuk sikap yang lebih baik untuk menghadapi dunia, dan menjadi dinamis dalam bergerak maju.

老年

在中国，六十岁是生命中的一个重要节点，既是迈向老年，也是新生，因为你正在跳转到生命的下一个周期（新的甲子）。你的心态应当回到初始。在许多方面，你再次年轻，有很多机会。所以『老年』亦是一个全新的开始。

TUA

Di Tiongkok, usia 60 tahun adalah sebuah langkah penting dalam kehidupan. Usia ini tua tapi juga muda karena kita sekarang meloncat ke siklus hidup berikutnya. Maka mentalitas kita kembali lagi ke awal. Dalam banyak hal, kita kembali menjadi muda, dengan banyak kesempatan. Jadi 'tua' merupakan sebuah awal yang baru.

安康

幸福对我们所有人都是必不
可少的，健康的个体则是社
会进步的必要条件。如果
人们不健康，社会就不能前
进。健康对于我一直是头等
大事，不仅因为我从事医疗
保健行业，更因为健康是个
人和社会进步的重要基石。

KESEHATAN YANG BAIK

Kesehatan yang baik sangatlah penting bagi kita se-
mua, tapi orang yang sehat juga sangat penting bagi
kemajuan sosial. Jika orang-orang tidak sehat, maka
masyarakat tidak bisa maju. Kesehatan selalu menjadi
prioritas nomor satu bagi saya, bukan saja karena
bisnis saya bergerak di bidang kesehatan, tetapi juga
karena kesehatan adalah fondasi yang sangat penting
bagi kemajuan perorangan dan masyarakat.

诚实

健康的人应该是一名诚实的人，不诚实是不健康的。我们都需要诚实地面对自己，真实地了解自己。然后，我们要对他人敞开心扉，不要对他人有任何的欺瞒。诚实会带来尊重和身心的健康幸福。如果别人不诚实，我们也许很难做到诚心以对，但要让你自己超乎于那些不诚实的人之上。

KEJUJURAN

Orang yang sehat adalah orang yang jujur. Ketidakju-juran itu tidak sehat. Kita semua perlu jujur terha-dap diri sendiri terlebih dahulu, untuk memahami diri sendiri. Lalu kita perlu terbuka dengan orang lain, dan terbuka pada orang lain, tidak menyem-bunyikan apapun. Kejujuran menarik rasa hormat dan perasaan sehat. Terkadang sulit untuk jujur jika orang lain tidak jujur, tapi jangan samakan diri kita dengan mereka yang tidak punya nilai kejujuran.

出生是独立个体生命的开始。人们赤条条来，赤条条去，但在生死之间，人是有使命的。使命有时是由人自己定义，有时是由他人定义。有人生来即肩负使命，有人却生活得毫无目标，浑浑噩噩。健康的人会努力寻找使命、目标，获得对生命的理解。

KELAHIRAN

Kelahiran adalah awal dari hidup mandiri. Manusia dilahirkan tanpa apa pun dan akan meninggal tanpa apa pun. Namun, di antara kedua peristiwa itu, manusia membawa misi, yang kadang didefinisikan oleh dirinya sendiri dan kadang oleh orang lain. Ada orang yang dilahirkan untuk mengembangkan misi. Ada pula orang yang lahir tetapi tak pernah punya misi atau mengembangkan misi atau tujuan, mereka mengisi waktu antara kelahiran dan kematian tanpa alasan. Orang yang sehat berusaha keras mencari misi, tujuan dan pemahaman mereka akan kehidupan.

Singa Besi, Cangzhou
Modern

Mata singa yang terbuat dari
besi memandang lekat ke suatu
titik, seperti sedang menjaga
kelompoknya. Patung sederhana
berukuran besar ini menggambarkan
ketetapan hati, keperkasaan dan
sikap seorang raja.

沧州铁狮 ◎ 现代

铁狮气势恢宏，目光炯炯，似乎在为他的群

体守望，古朴高大的形象诠释了坚毅、威

猛、正义的王者气度。

狮子

狮子是百兽之王，是勇气和力量的象征。狮王是领导者、提供者、保护者，它的威严令人敬畏。

SINGA

Singa adalah raja hutan, simbol keberanian dan keku-
atan. Singa adalah pemimpin, penyedia, pelindung, dan
yang meningkatkan kebanggaan sebuah komunitas.

長洲文徵明寫像

《老子像》◎明◎文徵明

文徵明是明代大家，诗文书画无一不精。他的老子像，细腻严谨，气度沉静。

Dinasti Ming, Wen Zhengming, **Lao Tsu**
149 × 24cm

Wen Zhengming terkenal dengan karya puisi, esai, dan lukisannya. Hasil karya lukisan ini menunjukkan tingginya ketelitian dan ketenangan dirinya.

智慧

有智慧的人生是勇敢的人生。智慧带来适应力、人际关系技巧和对周围环境和周围人的理解。但只有智慧本身是不够的，将智慧与勇气，人际关系技巧和战略眼光结合在一起，才是非凡而强大的。

KEBIJAKSANAAN

Hidup disertai kebijaksanaan adalah hidup yang berani. Kebijaksanaan menghasilkan ketahanan, keterampilan hubungan antarmanusia dan pemahaman akan lingkungan dan orang-orang di sekitar. Tetapi kebijaksanaan saja tidak cukup. Keberanian, keterampilan hubungan antarmanusia dan visi strategis, jika dipadukan dengan kebijaksanaan, akan menjadi kekuatan dahsyat.

死亡

死亡是生命中不可回避的一部分，不可怕也不值得担心。但我们应该思考我们死后会留下什么。有些人为后代留下了丰富遗产，有些人除了孩子，没有留下任何遗产。我们都应该尽力为我们的后辈留下宝贵的遗产。

KEMATIAN

Kematian adalah bagian alami dari hidup, bukan untuk ditakuti atau dikhawatirkan. Namun kita harus memikirkan apa yang akan kita wariskan saat kita mati. Ada orang yang meninggal dengan warisan penting untuk generasi berikutnya. Ada juga yang meninggal tanpa warisan apapun, selain kelahiran keturunannya. Kita semua harus berusaha meninggalkan warisan kebaikan untuk anak cucu kita.

抑郁

压力感、个人压力、社会压力、工作压力、无助感、无法应付压力都会导致短期或长期的抑郁。重要的是不管是孩子还是成年人，都要学会面对压力，进而避免沮丧的情绪。

DEPRESI

Rasa tertekan, tekanan pribadi, tekanan sosial, tekanan pekerjaan, perasaan tak berdaya, perasaan tidak mampu menghadapi tekanan, semuanya bisa mengakibatkan depresi baik sebentar maupun lama. Yang penting, sebagai anak-anak dan sebagai orang dewasa, kita belajar bagaimana cara menangani tekanan yang dihadapi, dan kemudian kita bisa menghindari rasa depresi.

生命中最大的威胁不是疾病，而是不能保持身体健康。健康是人类最大的财富。如果失去健康，相当于地球没有太阳。我致力于人类的健康事业，我们用勤劳的双手托起生命的太阳。

威胁

ANCAMAN

Ancaman terbesar terhadap hidup kita bukanlah penyakit, melainkan tidak menjaga kesehatan dengan baik. Kesehatan adalah harta terbesar umat manusia. Jika kita tidak sehat, artinya sama seperti bumi tanpa matahari. Saya berkomitmen terhadap urusan kesehatan manusia, dan kita semua harus bekerja keras untuk menjaga matahari kehidupan.

世界

在这个时代，我们每个人都应该具备世界眼光。用世界眼光来看待自己，理解我们在世界上的位置和贡献，同时保持好奇心，对于不同事物乐于去学习和理解，并尽力帮助我们的社区、我们的国家和我们的世界，这是精神健康的一部分。

DUNIA

Di masa sekarang, kita harus punya pandangan mengenai dunia dan berupaya memahami tempat tinggal dan kontribusi kita di dunia. Ini bagian dari kesehatan mental untuk menaruh minat pada berbagai hal, untuk terus belajar dan mengerti, dan untuk melakukan apa yang bisa kita lakukan, kecil maupun besar, untuk membantu komunitas, negara dan dunia kita.

骄傲

我们应该为自己的成就感到骄傲，但不要太骄傲，因为过于骄傲会使我们变得心胸狭隘，这对心灵的健康无益。值得我们为之骄傲的是我们能够以我们的方式帮助他人，同时，我们也应该为得到他人的帮助而骄傲和感激，这才是衡量健康生活方式的真正标准。我最大的骄傲是，我能感受到爱，创造爱和传播爱。

KEBANGGAAN

Kita harus bangga akan pencapaian kita, tapi jangan terlalu bangga karena terlalu bangga akan membuat pikiran dan hati kita sempit dan tidak sehat. Kita harus bangga dengan cara kita bisa membantu orang lain, karena melakukan sesuatu untuk orang lain itu jauh lebih baik daripada untuk diri sendiri. Dan kita juga harus bangga, serta bersyukur, saat orang lain membantu kita karena itulah ukuran sejati hubungan yang sehat. Kebanggaan saya yang terbesar adalah saat saya merasakan cinta, menumbuhkan cinta dan menyebarkan cinta.

食物

食物是健康生活的基本燃料。正确的食物带来正确的生活态度，给生命以活力。错误的食物会导致消极的思想和感受，导致思想和身体上的疾病。我们必须明白食物的重要性，并努力选择有助于让我们不断进步、成长的食物。

MAKANAN

Makanan adalah bahan bakar yang penting untuk hidup sehat. Makanan yang benar menghasilkan sikap hidup yang benar dan memberikan energi untuk hidup. Makanan yang salah bisa memunculkan pikiran dan perasaan negatif, serta penyakit pada pikiran dan tubuh. Kita semua harus mengerti pentingnya makanan dan berusaha memilih makanan yang menjadikan kita lebih baik.

环境

无论居住或工作，你都需要一个良好和健康的环境。健康的环境能帮助你保持身体的健康，帮助你建立和维护良好的人际关系，更有效率地工作，更好地享受生活。我们都是环境的一部分，我们必须承担自己的责任，改善环境，使其可持续发展，而不能破坏环境，那是将来会后悔的事情。环境也是我们留给子孙后代的遗产。我们必须努力保护好这份遗产并移交给他们。

LINGKUNGAN

Di mana pun kita tinggal atau bekerja, kita membutuhkan lingkungan yang baik dan sehat. Kita memerlukannya agar dapat hidup sehat, agar dapat berbicara dan bertemu dengan orang lain, agar dapat melakukan hal-hal menyenangkan dan produktif. Kita semua bagian dari lingkungan dan kita semua bertanggung jawab untuk menjadikannya sebaik mungkin dan memengaruhinya secara positif. Kita pun harus memandang jauh ke depan dan menciptakan lingkungan yang lestari demi memastikan bahwa sekarang ini kita tidak melakukan hal-hal yang akan kita sesali di masa depan. Lingkungan adalah warisan yang kita teruskan kepada generasi mendatang. Kita mesti berjuang untuk menurunkan warisan yang baik bagi mereka.

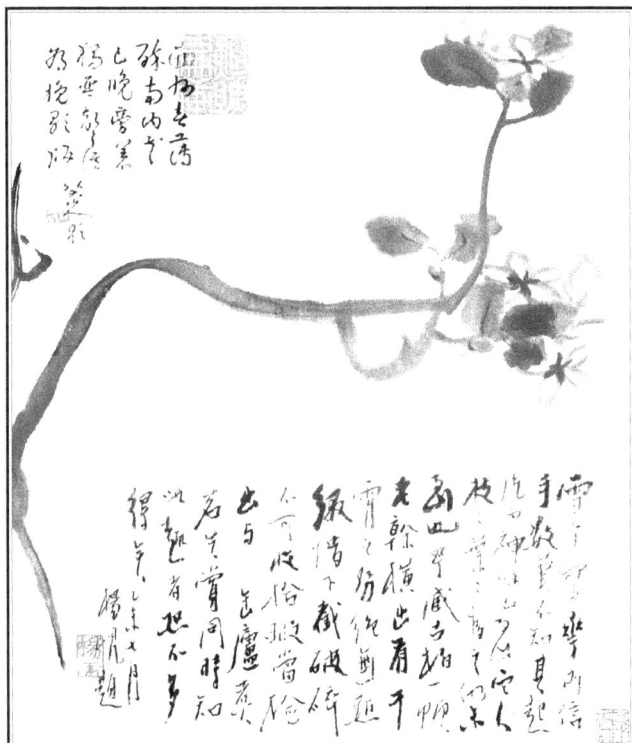

Dinasti Qing
Bada Shanren
Melati

31,5 × 28cm
Karakter seni Bada Shanren menunjukkan transformasi dari figuratif ke abstrak, dari tradisional ke modern.

《茉莉花图》◎ 清 ◎ 八大山人

八大山人的艺术表现出从具象到抽象，从传统到现代的鲜明特点。

信念

信念是一种强大而健康的力量。信念是你对目标的承诺，是你做事的动力和信心的源泉。你需要检查你的信念是否有良好基础，错误的理念会把人引入歧路。信仰会带来信心，帮你、也帮助你生活中的其他人获得成就。

KEYAKINAN

Keyakinan adalah daya yang kuat dan sehat. Keyakinan adalah komitmen kita terhadap tujuan. Keyakinan adalah sumber motivasi dan kepercayaan diri pada hal-hal yang sedang kita lakukan. Kita perlu memeriksa apakah keyakinan kita memiliki landasan yang baik dan bukan sesuatu yang akan menjerumuskan kita pada hal-hal yang salah. Keyakinan menumbuhkembangkan kepercayaan diri yang diperlukan guna meraih hal-hal baik dalam hidup kita dan orang lain.

坚韧

这是我们忍耐和坚持的能力。有些人很有韧性，但有些人不是。在生活中保持一个明确的目标，你就会有韧性，你会充满希望地努力实现目标，不会被不相关的事情所打扰。

PANTANG MENYERAH

Ini adalah kemampuan kita untuk menanggung dan menahan. Sebagian orang ada yang sangat pantang menyerah tapi ada juga yang tidak. Manusia bisa menjadi pantang menyerah dengan memiliki tujuan yang jelas dalam hidup dan dengan mempertahankan harapan dan usaha menuju tujuan itu, dan dengan tidak terganggu oleh hal-hal yang mengganggu tujuan tersebut.

责任

有责任感是一种健康的状态。人应该有梦想，懂得感恩。而梦想和感恩创造了责任感，让我们走向成功和懂得回报社会。在我年轻的时候，当我看到穷人我会感同身受非常难过，我尽力去帮助他们。当我长大了，我意识到我的事业可以帮助实现我童年的梦想。

TANGGUNG JAWAB

Menjadi orang yang bertanggung jawab dan akuntabel itu sehat. Saya punya impian dalam hidup ini dan saya tahu cara bersyukur. Ketika dipadukan, mimpi dan rasa bersyukur menciptakan rasa tanggung jawab untuk mencapainya dan memberi sumbangsih. Ketika saya masih muda, hati saya merasa sangat sedih melihat orang miskin dan saya berusaha melakukan apa pun yang bisa saya lakukan untuk membantu mereka. Saat tumbuh dewasa, saya menyadari kalau bisnis saya dapat memenuhi impian masa kecil saya. Seiring kian

随着我的生意越来越大，我开始捐款来帮助人们。但后来我意识到，捐钱并不是唯一的帮助方式。更重要的是要倡导更多的人参与对社会的共同承诺，承担帮助他人的责任。这就是我不断追求的。我认为，财富越多，帮助别人的责任就越大。

membesarnya bisnis yang saya kelola, saya mengerti bahwa saya bisa memberikan sumbangsih untuk membantu orang-orang dan masyarakat. Tetapi kemudian saya sadar bahwa memberi uang bukanlah satu-satunya cara untuk menolong mereka. Sebaliknya, penting kiranya meyakinkan semakin banyak orang untuk ikut terlibat dengan komitmen yang sama terhadap masyarakat, untuk ikut bertanggung jawab menolong orang lain. Inilah yang terus-menerus saya kejar. Menurut saya, semakin banyak kekayaan, semakin besar tanggung jawab untuk membantu orang lain dengan berbagai cara.

恐惧

恐惧主要是对自己缺乏信心，或对自己处理不同情况的能力缺乏信心。如何克服恐惧？你要全神贯注于你的梦想，始终清楚地知道你的目标是什么，并努力获得他人的支持。当你有一个真正的梦想，并且努力为之奋斗，而且你懂得感恩，那么，你也就有了自信。梦想、感恩、责任和使命感会让你远离恐惧，使你成为一个身心健康、胸襟开阔、意志坚强的人。

KETAKUTAN

Pada umumnya, ketakutan adalah kurangnya percaya pada diri atau kemampuan kita untuk menghadapi bermacam situasi berbeda. Kita mengalahkan ketakutan dengan tetap fokus pada impian, dengan mendapatkan dukungan dari orang lain, dengan pandangan yang sangat jelas tentang mimpi dan tujuan kita. Saat kita berkomitmen pada satu tujuan sejati dan kita tahu cara bersyukur, maka kita tahu cara untuk percaya diri. Mimpi, rasa bersyukur, tanggung jawab dan misi akan menjauhkan ketakutan. Hal-hal ini menjadikan kita orang yang sehat dan dikaruniai hati yang terbuka serta kuat.

衰老是一个自然循环的过程。你不可能对抗这个循环。但无论你身处这个循环中的哪个位置，你都可以找到你的健康和福祉。坚实的经济基础，良师益友，目标感，会在你年老的时候给你一个安身立命之地，也会让你有条件去帮助处于这个循环中不同位置的他人。

PENUAAN

Penuaan adalah siklus alami. Kita tidak bisa melawan siklus ini. Tapi kita bisa menemukan tempat kesehatan dan kesejahteraan di mana pun kita berada di siklus ini. Uang yang cukup, teman yang baik dan tujuan akan memberi kita tempat yang baik pada siklus ini seiring bertambahnya usia. Hal-hal tersebut juga akan membantu kita menolong orang lain di berbagai tempat dalam siklus ini.

《竹石图轴》◎ 清 ◎ 郑板桥

郑板桥一生只画竹、兰、石，这是他的代表作之一。在中国传统文化中，竹代表正直，兰代表高洁，石代表坚定。

Dinasti Qing, Zheng Banqiao, **Bambu dan Batu**
217,4 × 120,6cm

Zheng Banqiao hanya melukis bambu, anggrek dan batu sepanjang hidupnya. Dalam budaya Tiongkok, bambu mewakili integritas, anggrek mewakili keeleganan, dan batu mewakili kemantapan.

我希望两百年后，人们依然记得我的名字，他们会说，这个人帮助很多人提高了生活水平，改善了健康状况，并且帮助他们实现了人生目标。

200 TAHUN KE DEPAN

Saya berharap dalam waktu 200 tahun lagi saat mereka mengingat nama saya, orang akan berkata bahwa saya dahulu membantu meningkatkan standar hidup, meningkatkan kesehatan, dan membantu banyak orang dari berbagai generasi untuk mencapai tujuan hidup mereka.

30

人要有目标、有梦想。我鼓励孩子们做梦，给自己设定目标。更重要的是，要制定计划来实现目标。要让梦想成真，还要不断地对计划进行调整、改进、革新。要做自我评估和自我批评。要学习知识，并能够运用。我会告诉孩子，只要你制定计划，不断学习，不断努力去实现，一切都是可能的。最后，还要有一颗开放、感恩的心，和好朋友们。

给孩子的箴言

NASIHAT UNTUK ANAK

Saya mendorong setiap anak untuk punya tujuan dan mimpi dalam hidupnya. Meskipun demikian, saya sangat menyarankan mereka untuk merencanakan cara menggapai tujuan tersebut. Untuk meraih mimpi, kita memerlukan rencana yang terus kita sesuaikan, tingkatkan dan perbaiki sepanjang waktu. Kita harus senantiasa melakukan penilaian dan kritik pada diri sendiri. Kita harus menyerap lebih banyak pengetahuan, belajar lebih banyak, dan menerapkan pengetahuan itu. Saya akan memberi tahu anak itu bahwa segala sesuatu itu mungkin dengan adanya tujuan, rencana, pengetahuan dan usaha. Bungkuslah hal-hal itu dengan hati yang terbuka, rasa bersyukur dan teman-teman yang disayangi.

我年轻的时候曾盼着我们的村子有所好学校。那时我就意识到，教育能带来改变，改变我们村子以及村民的未来。教育是通向美好未来的唯一途径，教育是国家繁荣发展的基石，也是个人成功和幸福的基础。服务国家、回报社会的最佳途径就是促进教育事业的发展。

教育

PENDIDIKAN

Sewaktu masih muda, saya ingin ada sekolah bagus di desa saya. Saat itu pun saya sudah tahu bahwa pendidikan berarti perubahan. Pendidikan berarti masa depan untuk orang-orang di desa saya. Pendidikan adalah satu-satunya cara untuk mendapatkan masa depan yang lebih baik. Cara terbaik untuk berbakti pada negara dan membalas kebaikan masyarakat adalah mempromosikan pengembangan pendidikan. Pendidikan adalah fondasi kesejahteraan dan pembangunan nasional, serta kesejahteraan dan kebahagiaan perorangan. Pendidikan dan pengetahuan adalah harta serta kesehatan masyarakat dan negara yang sebenarnya.

第二部

幸福

II

KEBAHAGIAAN

34

文化有很多种含义。它可以是你的个人修养和教育，它可能是一种文明和一个社会的行为方式，以及一个国家的价值观。这两种理解都至关重要，而且会随着时间的推移和社会的进步而改变。我们都应努力去发现和发展那些有益于我们和社会的文化、价值观以及行为方式。

文化

BUDAYA

Budaya punya banyak makna. Bisa berarti pengembangan dan pendidikan kita secara pribadi, yang menimbulkan pemahaman lebih baik tentang tempat kita di dunia. Dapat juga merupakan cara bersikap dari sebuah peradaban dan masyarakat serta hal-hal yang dihargai di sebuah negara. Kedua makna budaya ini penting, dan keduanya berubah seiring waktu berjalan dan pada beragam masyarakat. Kita semua harus berupaya mencari dan mengembangkan budaya, nilai-nilai serta perilaku yang baik bagi kita dan masyarakat tempat kita berada.

家

家是幸福所在，其中很重要的一部分是家庭成员对彼此的尊重，尤其是对长辈。中国文化博大精深，但最基本的就是孝敬父母。懂得尊重和感恩才能为家庭贡献力量。不懂感恩，便无法谈及回报家庭乃至奉献社会。如果父母孝敬自己的长辈，言传身教之下，孩子们也会耳濡目染。这便是通过尊重和感恩来营造幸福家庭的方法。

RUMAH

Kebahagiaan bisa didapatkan di rumah, di mana hal yang penting adalah sikap hormat yang ditunjukkan anggota keluarga kepada satu sama lain, terutama kepada orang yang lebih tua. Dalam budaya Tionghoa, menghormati orang tua adalah hal mendasar. Untuk dapat berkontribusi di dalam rumah, kita harus bersikap hormat dan pintar bersyukur. Jika kita tidak tahu cara bersyukur, kita tidak bisa berkontribusi pada keluarga atau masyarakat. Saat anak melihat orang tua bersikap menghormati orang tuanya, maka anak tersebut akan belajar. Inilah cara menciptakan rumah yang bahagia melalui sikap hormat dan rasa bersyukur kepada semua orang.

36

爱

就像父母对孩子无私的爱，我们爱自己的父母和家人也都应不求回报。抚养和教育孩子时理应如此。在中国，「爱」有很多深刻的含义，包括对家庭的爱，对社会和国家的爱。没有「大家」哪有「小家」。感恩是创造爱的一个重要组成部分，生活因感恩而美好。

CINTA

Cintai orang tua dan keluarga Anda tanpa mengharapkan balasan, karena cinta orang tua untuk anak-anak mereka tidak meminta balasan. Begitulah cara membesarkan anak-anak dan membantu mereka belajar. Cinta dalam bahasa Tionghoa memiliki banyak makna yang mendalam. Anda mencintai keluarga Anda, masyarakat Anda sebagai sebuah kesatuan dan juga negara Anda. Tanpa 'keluarga besar', Anda tidak punya 'keluarga kecil'. Bersyukur adalah bagian yang sangat penting dari cinta. Jika kita semua bersyukur terhadap satu sama lain, maka hidup akan menjadi sempurna.

孩子

孩子是祖国的未来和幸福的源泉。在毛泽东主席领导下，中国走上现代化发展道路，激发了人民的自豪感；随着邓小平同志改革开放政策的提出，人们开始积极创业，塑造未来。这一改革进程持续了很长时间。孩子是祖国的未来和希望，所以教育至关重要。接受良好教育的人决定国家的未来，未接受教育的孩子，将会成为国家的负担。孩子是民族未来的希望，关键在于教育。

ANAK

Anak-anak adalah masa depan dan kebahagiaan di Tiongkok. Saat Ketua Mao Zedong menciptakan proses pembangunan Tiongkok modern, masyarakat mulai merasakan kebanggaan. Melalui reformasi ekonomi Deng Xiaoping, masyarakat mulai termotivasi untuk membangun bisnis yang membantu membentuk masa depan kita. Proses tersebut memakan waktu yang lama. Generasi demi generasi berkontribusi. Anak-anak telah dan akan selalu menjadi masa depan bagi Tiongkok, halaman baru kita. Itu sebabnya pendidikan sangatlah penting bagi anak-anak. Masyarakat yang berpendidikan merupakan masa depan negara ini. Anak-anak yang tidak mengenyam pendidikan akan menjadi beban negara. Anak-anak adalah harapan masa depan, dan harapan seorang anak adalah pendidikan.

《荷花翠鸟图》◎ 清 ◎ 八大山人

作为明朝皇室宗亲，生活在满清统治之下的八大山人以遁世和孤傲的姿态表达自我。他的画便是他的心志的写真。

Dinasti Qing, Bada Shanren, **Bunga Lotus dan Burung**
121 × 66cm

Sebagai anggota keluarga kerajaan Dinasti Ming, Ba Da Shan Ren memilih untuk melarikan diri dari Dinasti Qing ke kuil terpencil dan menjalani gaya hidup di pengasingan dengan bermartabat. Lukisan-lukisannya dengan jelas menunjukkan pandangannya tentang dunia.

快乐

快乐与欲望息息相关。简约的生活欲望很容易让人知足常乐，追求的过多，便很难得到快乐，因为总有一些事情是遥不可及的。对于我来说，快乐很简单。因为我总是尽力去帮助别人，这是我真正快乐的源泉。

KEBAHAGIAAN

Kebahagiaan berhubungan dengan keinginan. Jika Anda tidak punya banyak keinginan, maka Anda bisa dengan sangat mudah merasa bahagia. Jika Anda menginginkan banyak hal, maka Anda mungkin akan lebih sulit merasakan kebahagiaan hidup, karena selalu ada hal yang semakin sulit dijangkau. Bagi saya ini sangat sederhana. Saya selalu berusaha semaksimal mungkin untuk membantu orang lain, karena di sinilah saya menemukan kebahagiaan sejati.

和谐

我们都向往和追求和谐，这样才能舒适而温馨地生活、工作，获得共同进步。和谐是建立在互相信任的基础上，并能带给我们成功与幸福。团结协作，和谐共处。合作的力量是无法抗拒的，它存在于人类生活、爱情和工作的方方面面。

KESELARASAN

Kita semua mencari keselarasan, untuk kenyamanan dan kehangatan dalam menjalani kehidupan, bekerja dan maju bersama. Saat orang saling percaya, mereka akan menemukan keselarasan. Keselarasan akan menciptakan keberhasilan dan kebahagiaan. Kerja sama dan keselarasan dalam tim menciptakan kebersamaan, kebersamaan menciptakan kerja sama dan keselarasan tim. Kebersamaan dapat menjadi kekuatan yang tak terbendung dalam kehidupan, cinta, pekerjaan dan semua hal yang berarti untuk kita sebagai manusia.

沟通

成功的沟通是真心换真心，

真情换真情，真爱换真爱。

良好的沟通可以弥合人与社

会之间的很多认识鸿沟。通

过沟通和语言技巧来展示一

个人的思维方式以及诚信和

态度。我们都应善于倾听，

理性思考，并开诚布公地尽

情表达自己。

KOMUNIKASI

Komunikasi yang berhasil adalah komunikasi dari hati
ke hati, berlandaskan kebenaran dan saling mencintai.
Komunikasi yang baik dapat menjadi jembatan peng-
hubung antarmanusia dan masyarakat. Keterampilan
berkomunikasi dan berbahasa menunjukkan pola
pikir seseorang serta kejujuran dan sikapnya. Kita
semua harus berusaha untuk pandai mendengar, ber-
pikir rasional dan mengekspresikan diri kita dengan
cara terbuka.

同情心

施展同情心要根据情况而
定。毫无能力、时运不济的
弱势群体值得同情，有些人
的无心之过可以怜悯。感同
身受，怀有同情心有时是好
事，但同情心不能泛滥，如
果是因为自作自受而身处困
境，那便不值得同情。

BELAS KASIHAN

Tergantung situasinya, belas kasihan perlu ditunjuk-
kan atau tidak perlu ditunjukkan. Kita bisa menun-
jukkan belas kasihan untuk orang yang lebih lemah
dari kita dan tidak punya kesempatan, dan kita
ikut merasakan perasaannya. Atau pada orang yang
melakukan kesalahan tanpa sengaja dan kita merasa-
kan rasa sakit mereka. Terkadang memang punya rasa
belas kasihan itu baik. Namun ada kalanya tidak perlu
berbelas kasihan, bahkan saat orang lain dalam situasi
buruk, terutama bila mereka sendiri yang membuat
situasi itu.

感恩是人类的基本原则。感
恩是做好事的动力源泉，也
是快乐的本质。人们必须要
学会感恩。感恩也意味着回
报父母和奉献社会。滴水之
恩当涌泉相报，这才是我们
要表达的感恩和要寻找到的
真正快乐。

感恩

RASA SYUKUR

Bersyukur adalah prinsip dasar manusia. Bersyukur
bisa menjadi motivasi, dapat menjadi kekuatan un-
tuk berbuat baik di dunia dan menjadi esensi keba-
hagiaan. Manusia harus belajar bersyukur. Bersyukur
juga berarti membalas sesuatu – membalas jasa orang
tua atau masyarakat. Jika kita menerima sedikit air,
maka kita harus membalas sebanyak sungai. Itulah
yang disebut menunjukkan rasa syukur dan menemu-
kan kebahagiaan sejati.

44

家庭

家庭，包括你的原生家庭和你与别人一起创建的家庭，子孙后代创建的家庭，都是命运的一部分，创造幸福的一部分。家庭是我们的传承和珍宝，它决定了你在人类历史中的地位。

KELUARGA

Keluarga adalah bagian dari takdir dan kebahagiaan, termasuk keluarga kandung, keluarga yang Anda bangun dengan orang lain dan keluarga yang dikembangkan keturunan Anda. Keluarga adalah warisan dan harta kita. Keluarga menentukan tempat Anda dalam sejarah manusia.

改变

根据你在各个阶段的生活和需要承担的责任，人们应该时刻改变，学习新知识，挑战新事物。生活就是要不断成长、挑战、探索和创造，在探索和成就中感受幸福。

PERUBAHAN

Tergantung pada tahap kehidupan dan tanggung jawab kita, manusia harus senantiasa berubah, belajar pengetahuan baru, melakukan hal yang belum pernah dilakukan, sepanjang waktu. Hidup adalah pertumbuhan, perubahan, eksplorasi dan pencapaian. Kebahagiaan terdapat pada aktivitas mendasar manusia ini.

46

独处

对这个词语，不同的人会有不同的理解。但每当我独自一人时，我感到安宁、舒适和平静。我希望别人也如此。

SENDIRIAN

Kata ini sarat makna. Tapi saat saya sendirian, saya merasakan kedamaian. Saya merasa nyaman dan da-mai. Saya berharap orang lain pun demikian.

八大山人笔下的动物，都有一双桀骜不驯的眼睛。

Dinasti Qing
Bada Shanren
Berdiri Sendirian Mencari dengan Curiga

110 × 74,5cm
Semua binatang dalam lukisan Bada Shanren memiliki
sorot mata yang angkuh dan keras kepala.

48

希望

希望是一种梦想，是生活中寻找幸福的动力。当你陷入逆境，唯一陪伴你的，就是希望。希望、专注和努力能帮你渡过难关，但希望是其中最重要的因素。相信希望，相信自己，努力工作。

HARAPAN

Harapan adalah impian, motivasi dalam hidup untuk menemukan kebahagiaan. Kadang yang kita punya saat menjalani masa-masa sulit dalam hidup hanyalah harapan. Harapan, fokus dan ikhtiar dapat membantu Anda melewati masa-masa itu, dan harapan adalah faktor yang paling penting. Percayalah pada harapan, percayalah pada diri sendiri dan bekerja keraslah.

做对别人有帮助的人，愿意
考虑公众利益并为之行动，
同时心存感恩，时刻对别人
保有爱心。如果你不相信这
是一个充满爱的世界，你的
生活也会在沮丧中度过。只
要你的心没有停止跳动，一
切皆可重来。

助人

PERTOLONGAN

Suka menolong berarti memikirkan kepentingan umum dan merasa bersyukur, selalu merasakan kasih untuk orang lain. Jika Anda tidak percaya bahwa dunia ini penuh dengan cinta, sebagian besar hidup Anda diliputi depresi. Selama jantung masih berdetak, semuanya bisa dimulai lagi.

欲望

欲望有合理和不合理之分。如果合理，那么尽力去追求。有些欲望是不合理的。人们不应该追求不合理的欲望，因为这样会损人不利己。认清自己想要什么很重要，但更重要的是，分清哪些是合理的，哪些不合理。

KEINGINAN

Ada keinginan yang wajar dan tidak wajar. Keinginan yang tidak wajar jangan dikejar, karena kalau tetap dikejar maka, seiring berjalannya waktu, kita dan orang lain akan tersakiti. Penting untuk memahami apa saja keinginan kita, namun lebih penting lagi membedakan mana keinginan yang wajar dan tidak wajar.

遗憾

遗憾有很多种理解。你应该能想到很多你一生中应该做却没有做的事情。对于其中一些事情，你可能还有时间去做。然而有些事情，光阴一去不复返，你需要接受不能做的现实。生活中难免会有遗憾，或小或大，要把注意力集中在你做完的事情和已取得的成就上，而不是你还没有做的事情上。将遗憾减少到最低。

PENYESALAN

Penyesalan punya banyak arti. Kita bisa berpikir tentang hal-hal yang bisa kita lakukan atau seharusnya kita lakukan. Ada hal yang masih bisa dikerjakan di lain waktu. Tapi ada hal lain yang sudah lewat masanya dan kita harus menerima ini. Akan ada beberapa penyesalan dalam hidup, ada yang kecil, ada yang besar, tapi fokuslah pada hal yang sudah kita lakukan dan capai, bukan pada yang belum. Penyesalan bukanlah buah yang perlu sering dipetik.

仪式

仪式文化非常重要。它赋予人们认知，传达思想，展示成就，它是从人生的一个位置到另一个位置的通道。仪式为所有参加者带来荣誉和快乐。

UPACARA

Budaya upacara ini sangat penting. Upacara memberikan pengakuan, mengomunikasikan ide, menunjukkan prestasi, memberi jalan dari satu tempat ke tempat lain dalam kehidupan kita. Upacara menghormati dan membawa sukacita untuk semua yang turut serta.

谅解

谅解别人也就是善待自己。如果你与他人的关系存在冲突，那么你需要试着去谅解他们。尽自己最大的努力去谅解别人，同时永远记得谅解自己，并从错误中汲取教训。

PENGAMPUNAN

Kita perlu memaafkan orang lain dan juga memperlakukan diri sendiri dengan baik. Jika kita menjalani hubungan dengan orang lain dan terjadi konflik, maka kita perlu berusaha memaafkan mereka. Lakukan yang terbaik untuk memaafkan orang lain, selalu ingat untuk memaafkan diri sendiri dan belajar dari kesalahan kita.

54

平凡

人们有不同的标准，不同的需求，以及不同的行为方式。

有些人甘于平凡，然而有些人却在生活中追求不同的标准，接触不同的人，建立不同的价值观。人们有时会选择成为前者或成为后者，但两者都是好的，都需要努力才能实现。重要的是，要知道自己想成为什么样的人以及想过怎样的生活。

BIASA

Setiap orang memiliki perbedaan dalam standar, kebutuhan dan perilaku. Ada orang yang ingin jadi orang biasa dan itu wajar. Orang yang lain mungkin tidak mau jadi biasa-biasa saja, ingin punya standar yang berbeda, dikelilingi orang yang berbeda dalam hidup mereka dan punya nilai-nilai yang berbeda. Orang kadang bisa memilih untuk menjadi salah satu dari keduanya, tetapi keduanya tidak masalah dan butuh upaya untuk mencapainya. Namun penting bagi setiap orang untuk tahu mereka mau menjadi apa dan bagaimana menjalani hidup.

妥协

狭路相逢时，每个人都必须适当让一步，能够让别人方便通过。

慈善

我一心行善。我希望其他人也尽可能去做力所能及的善事。发自内心地给予别人或点滴或重大的帮助，这是你找到幸福的重要途径。

KOMPROMI

Kita semua berada di jalan yang sempit, maka setiap orang harus bisa merasa nyaman saat menepi untuk memberi jalan pada orang lain untuk lewat.

AMAL

Saya memberi dari hati. Saya berharap orang lain melakukan hal yang sama dalam memberi sesuai kemampuan. Memberi dari hati, baik sedikit maupun banyak, adalah cara penting untuk menemukan kebahagiaan bagi diri sendiri.

目标

很多人没有目标，或者经常改变目标。这些人往往是漫无目的，或总是对自己的生活不满足。人们需要找到或选择一个适合自己的目标。一个能带给自己决心、动力和幸福感的目标。设定的目标应该是现实的、可实现的和长期的。

TUJUAN

Banyak orang yang tidak punya tujuan atau punya banyak tujuan yang berubah-ubah. Orang-orang se-perti ini sering bertindak tanpa tujuan atau selalu tidak puas. Carilah tujuan yang memberikan arti, motivasi dan kebahagiaan. Tujuan kita harus realistis, bisa diraih dan berjangka panjang. Kita harus memiliki tujuan, tetapi yang paling penting adalah usaha yang

你应该有目标，但最重要的是朝着这个目标努力，而不能纸上谈兵。为了达到目标和梦想，你必须了解自己，了解自己在每一步中哪些做错了、哪些是对的，在此基础上再进行下一步。这样就可以不断学习和进步，实现自己的梦想和目标。

dilakukan untuk mencapai tujuan tersebut. Kalau hanya berangan-angan saja, kita tidak akan mencapai tujuan itu. Untuk mencapai tujuan dan impian, kita harus memahami diri sendiri, mengerti tindakan mana yang salah dan benar dalam setiap langkah, dan menjadikannya dasar bergerak menuju langkah selanjutnya. Dengan demikian, kita terus belajar dan semakin mendekati pencapaian mimpi dan tujuan.

擬古

青松勁挺姿凌霄耻
屈盤種出枝葉牽
遠上松端秋花墊絳煙
海旎雲錦殷不羞不
自立舒光射丸丸相
坐乎夭矯姿婿還
青松本無華安得保
歲寒
龜鶴年壽齊羽介所
認識種是靈物相將
忘形駕鶴有沖霄心靈
殿尾右以竹兩附一相
將上雲霄報汝慎勿語
一語墮俗塵

《蜀素帖》（局部）◎宋◎米芾

米芾是中国书法史上的大家，这幅《蜀素帖》为传世之作。其中提到的「龟鹤」两种动物，在中国文化中是健康长寿的象征。

Dinasti Song
Mi Fu
Shu Su Tie

270,8 × 27,8cm (sebagian)
Mi Fu adalah suhu dalam sejarah kaligrafi Cina. Karya ini adalah salah satu karyanya yang paling terkenal. Isinya menyebut kura-kura dan burung bangau, yang dalam budaya Tionghoa merupakan simbol kesehatan dan umur panjang.

晚年幸福

我希望当我九十九岁再回头
看时，感受到的是幸福和感
恩，并已经在大多数事情上
取得成功。我希望那时我已
经实现了自我价值，并为社
会创造了价值和利益。

KEBAHAGIAAN DI MASA TUA

Ketika saya berusia 99 tahun saya harap bahwa saat menengok ke belakang, saya akan merasa bahagia, bersyukur dan telah sukses dalam sebagian besar hal. Saya berharap saat itu saya telah mencapai sebuah nilai, serta memberikan nilai dan manfaat untuk masyarakat.

牺牲

父母老了需要孩子的照顾，
而孩子小时候需要父母的照
顾。这些事情简单而重要，
对大多数人来说很容易，但
我却没有尽到这些责任。我
母亲去世时，我正在出差，
为了履行我对海外员工的承
诺。因为工作伙伴，我有时
不得不牺牲自己的家庭生
活。但如果你生命中有更大
的清晰的目标，这些付出和
牺牲是值得的。

PENGORBANAN

Orang tua perlu perhatian anak mereka di masa tua dan anak membutuhkan perhatian orang tua di saat kecil. Kebenaran dan tanggung jawab sederhana namun penting ini mudah bagi kebanyakan orang, tapi bagi saya, ada beberapa tanggung jawab yang terpaksa dikorbankan. Saat ibu saya meninggal, saya sedang dalam perjalanan bisnis dalam rangka memenuhi janji saya pada karyawan di luar negeri. Demi keluarga dalam pekerjaan, terkadang saya harus mengorbankan kehidupan keluarga saya sendiri. Tapi pengorbanan menjadi layak dan kebahagiaan bisa ditemukan jika ada tujuan lebih besar yang jelas dalam hidup kita.

年轻人能够而且必须比老年人更努力地工作。他们有精力，有热情，如果他们努力工作，就有能力过上更好的生活。他们是国家和世界未来的领导者。我们对年轻人寄予厚望，期待他们的改变和进步。我希望年轻人能树立目标，愿意为人民，为社会，为国家，为这个世界做些事情。如果他们能记住这些，那么每天要做的工作就变得清晰和简单了。

KAWULA MUDA

Kawula muda dapat dan harus bekerja lebih keras daripada orang lanjut usia. Mereka punya energi, antusiasme dan kemampuan untuk menjalani hidup yang hebat jika mereka bekerja keras. Mereka adalah pemimpin masa depan negara dan dunia. Orang muda adalah investasi kita untuk semua hal yang kita hargai, termasuk perubahan dan kemajuan. Saya berharap orang muda dapat menetapkan tujuan dan hasrat untuk memperbaiki berbagai hal bagi banyak orang, masyarakat, negara dan dunia. Jika mereka terus mencamkan hal itu baik-baik, maka hal yang mereka lakukan sehari-hari menjadi lebih jelas dan mudah.

悔恨

不要让自己沉浸在悔恨中无法自拔。正视它，并从中汲取教训，然后继续前进。当我做出了错误的决定，或者我和别人说话时用的词太苛刻，反思时我会对自己的言行感到后悔。这也是我们自我完善的途径，但不要让悔恨持续下去。

KEBENCIAN

Jangan biarkan kebencian pada diri sendiri terus terpendam. Rasakan, petik pelajarannya dan lupakan. Terkadang ketika saya mengambil keputusan yang salah, atau menggunakan kata-kata yang terlalu kasar saat berbicara dengan orang lain, lantas saya merenung, saya merasa membenci diri sendiri. Namun ini juga juga cara kita untuk memperbaiki diri, maka jangan biarkan kebencian terus terpendam.

自私

失败始于自私、嫉妒和傲慢，
而成功则总是源自于全心全
意、集思广益和奉献社会。
那些心胸狭隘、只关心自己的
人，是无法实现梦想的。

KEEGOISAN

Kegagalan dimulai dengan keegoisan, kecemburuan
dan keangkuhan; tetapi keberhasilan selalu berawal dari
ketulusan hati, kesatuan dan komitmen sosial. Mereka
yang berpikiran sempit, yang hanya peduli tentang diri
sendiri, lebih sulit mewujudkan impian mereka.

对许多人来说，海洋代表着
宽阔无垠，无法跨越。但是
总有伟大的人物能找到远渡
重洋的方法。海洋不会大过
梦想，梦想会带来幸福。

海洋

SAMUDRA

Bagi banyak orang, samudra mewakili kemustahilan, dan hamparan luas yang terlalu besar untuk diseberangi. Tapi orang hebat selalu dapat menemukan jalan untuk menyeberanginya. Samudra tidak pernah lebih besar dari mimpi dan mimpi itu akan membawa kebahagiaan.

慷慨

慷慨大方，就是敞开心扉，为社会做出贡献。慷慨付出的回报，就是生活在一个更美好的世界中。你越大方，你就越富有。你越吝啬，你就越活在自私的贫困之中。

MURAH HATI

Kemurahan hati atau kedermawanan adalah membuka hati untuk orang lain dan memberikan kontribusi kepada masyarakat. Kedermawanan akan mendapat imbalan dari pemenuhan tanggung jawab kita untuk hidup di dunia yang lebih baik. Semakin kita bermurah hati, akan semakin kayalah kita. Semakin kita pelit, akan semakin miskinlah kita karena keegoisan.

Dinasti Han Timur
Patung Perunggu Kuda Menderap Berpijak pada Burung Layang yang Terbang

34,5 × 45 × 13cm
Keajaiban seni dan teknik patung perunggu Tiongkok kuno, sang kuda berderap melintasi langit, berpijak pada seekor burung layang yang memandangnya dengan kagum. Patung ini bertumpu seimbang dengan sempurna pada salah satu tapak sang kuda tanpa menekan burung layang; kepalanya dengan jelas mengekspresikan semangat keberanian.

塑美学与技术上的奇迹。

和马蹄轻巧的接触，完美地解决了平衡问题，是青铜雕

飞燕之上，整体造型飘逸俊美，充满动感。雕塑以飞燕

这是中国古代青铜雕塑的奇迹。天马凌空奔驰，超越于

《马踏飞燕》 （青铜器）◎ 东汉

马

马不能后退，它总是在前进。它是一种具备速度、耐力和方向感的动物，无论是个体还是群体，都能以力量和优雅的姿态立足。我们可以从马身上，学习感悟到很多有关力量、幸福和成功的东西。

KUDA

Kuda tidak bisa lari mundur, selalu bergerak maju. Kuda adalah hewan yang punya kecepatan, daya tahan dan arah, serta dapat berlari jauh dengan kekuatan dan keanggunannya, baik sendirian maupun berkelompok. Dari kuda, kita dapat belajar banyak tentang kekuatan, kebahagiaan dan kesuksesan.

第三部

财富

III

KEKAYAAN

尊重

在生活中，在事业上，做任何事都要公平。这样才能赢得尊重。如果你尊重别人，别人也会尊重你，如果你想要别人尊重你，却又不以公平或者尊重别人的方式做事，那么你也得不到尊重。想要被尊重其实很简单，你需要尊重他人，公平对待。

RASA HORMAT

Ketika melakukan apa pun dalam bisnis dan kehidupan, kita harus melakukannya dengan adil. Itulah cara mendapatkan rasa hormat. Jika kita menghormati orang lain, maka orang lain akan menghormati kita. Jika kita berharap agar orang lain menghormati kita tetapi kita sendiri tidak adil atau tidak menghormati orang lain, maka kita tidak akan dihormati. Sederhana saja, agar dihormati, maka kita harus bersikap adil dan menghormati orang lain.

创新

创新是企业发展的源动力。

它意味着不断挑战自我，意味着超越边界，超越现有框架，提升到一个新的境界。

在经营企业时，你需要看到比企业现状更远的地方，站在更高的位置和视角。你需要面面俱到、事事理清。当然，创新应以市场为导向。如果你的创新不能满足市场需求，或者不符合社会需要，那就没有意义了。创新必须立足于它所处的环境与背景才能成功。

INOVASI

Inovasi adalah pendorong pengembangan usaha. Inovasi berarti terus-menerus menantang diri sendiri. Artinya, kita bergerak melampaui batas, sempadan, kerangka kerja yang ada ke tingkat yang baru. Jika kita menjalankan bisnis, kita harus melihat melewati apa yang sedang dikerjakan saat ini, demi perspektif dan posisi yang lebih tinggi. Kita harus mampu melihat sekeliling dengan jelas. Akan tetapi, inovasi harus berorientasi pasar. Jika inovasi kita tidak memenuhi permintaan pasar atau tidak memenuhi kebutuhan masyarakat, inovasi menjadi tidak berarti. Inovasi harus berkaitan dengan latar belakang dan konteksnya agar berhasil.

贫穷

贫穷是暂时的。关键在于你的心态和精神。贫穷没什么可怕的。相反，你应该害怕的是缺乏自信、懒惰和道德败坏。贫穷是一时的。如果你能改变心态，如果你是一个勤奋且富有创新精神的人，你迟早会摆脱贫困。

KEMISKINAN

Kemiskinan bersifat sementara. Kuncinya adalah mental dan energi kita. Kemiskinan bukanlah sesuatu yang harus ditakuti. Sebaliknya kita harus takut karena kurang percaya diri, malas dan moral yang buruk. Kemiskinan sendiri bukanlah akhir segalanya. Jika kita bisa mengubah mentalitas, bekerja keras dan punya semangat berinovasi, cepat atau lambat kita akan keluar dari kemiskinan.

能量

能量来自梦想。如果你有

梦想，那么你就有能量和

信心。如果你有信心，你

就不会低估自己。这本身

就是能量。更大的能量来自

行善和感恩，以及人们看待

你对待你的方式。行善会给

予你能量。

KEKUASAAN

Kekuasaan berasal dari mimpi. Jika kita punya mimpi, maka kita memiliki kekuasaan dan percaya diri. Jika kita percaya diri maka kita tidak akan meremehkan diri sendiri. Itu pada hakikatnya merupakan kekuasaan. Kekuasaan yang lebih besar akan datang dari kebaikan hati dan rasa syukur. Kekuasaan terdapat pada cara pandang orang lain mengenai kita dan cara mereka memperlakukan kita. Kebaikan akan menghasilkan kekuasaan.

逆境

在我的商业生涯中，很多人试图向我们施加压力，操控我们，掠夺财富。有时企业几乎遭受毁灭性的打击。但最终，我们都挺过来了，因为我们心怀感激。我感谢那些让我们陷入困境的人。没有这些让我们痛苦并试图操控我们的人，我们就不会成长。我感谢他们，因为他们是我们的『生命导师』。在他们的『磨难教导』下，我们变得百折不挠。

KESULITAN

Selama bertahun-tahun menggeluti bisnis, banyak orang yang mencoba mengendalikan kami, mengambil uang kami dan menekan kami. Beberapa kejadian bahkan hampir membawa bencana pada bisnis kami. Tapi akhirnya kami menang karena semangat kami untuk bersyukur. Saya berterima kasih kepada mereka yang dahulu mempersulit kami. Tanpa orang-orang yang membuat kami menderita dan coba mengendalikan kami, kami tidak akan bertumbuh. Kami berterima kasih pada mereka sebagai guru kehidupan kami. Kami menjadi lebih gigih berkat ajaran mereka.

金钱

钱，我们生不带来，死不带去。钱是个好东西，但我又能吃多少、喝多少？我的饮食很普通，因为我需要营养，但也就仅此而已。金钱之外，每个人都有无尽的财富，那就是爱心。当你付出爱时，你会觉得世界更加美好。金钱永远不会给人那种感觉。

UANG

Kita lahir dan kita mati, sama-sama dengan tanpa membawa uang. Uang itu bagus, tapi seberapa banyak saya bisa makan dan minum? Makanan saya biasa saja karena saya hanya butuh nutrisi, itu saja. Terlepas masalah uang, semua orang punya kekayaan yang tak terhitung dalam bentuk cinta untuk orang lain. Ketika kita memberi cinta, maka kita merasa dunia menjadi lebih indah. Uang tidak akan pernah bisa memberikan perasaan itu.

成功

成功源于自我努力、辛勤工作、目标明确，以及帮助他人。我希望别人也能通过这些方式获得成功。重要的是我们要记住，想要成功，想要实现目标，首先需要与人为善，相处融洽。

KESUKSESAN

Sukses berasal dari usaha sendiri, kerja keras, tujuan yang jelas dan dukungan yang diberikan pada orang lain. Saya berharap orang lain menemukan keberhasilan melalui cara ini. Penting untuk diingat bahwa jika kita ingin sukses dan mencapai tujuan, Anda harus terlebih dahulu hidup rukun dengan orang lain.

努力

个人努力在所有事情中至关重要。有时它很难，需要克服诸多障碍。但只有通过努力，包括精神和身体两方面的努力，我们才能达到目标。当然，个人的努力还不够，你还需要那些具备你所没有的天赋的人，需要他们与你共同努力来实现你的目标。

UPAYA

Upaya individu sangat penting dalam segala hal. Kadang-kadang hidup itu sangat sulit dan kadang-kadang banyak hambatan yang harus dilalui. Tapi hanya melalui upaya, yakni upaya lahir dan batin, kita dapat mencapai tujuan kita. Upaya tidak bisa dilakukan sendirian, kita membutuhkan orang lain yang memiliki bakat yang tidak kita miliki, yang bersedia bekerja sama dengan kita untuk mencapai tujuan bersama.

命运

这很重要。你需要付出努力，建立良好的基础，好运也会随之而来。幸运总是青睐努力的人。

勇敢

在你做一些公平有益的、对社会有所贡献的事情时，你会变得勇敢。所谓勇敢，就是用你的思想、你的心灵、你的双手为社会做出贡献。

NASIB

Ini sangat penting. Kita harus berupaya, bekerja keras membangun landasan yang baik sehingga nasib baik akan mengikuti. Nasib baik mengikuti upaya yang keras.

KEBERANIAN

Ketika kita melakukan hal yang adil, berkontribusi pada masyarakat, maka itu berarti bahwa kita tengah menampilkan keberanian. Berkontribusi pada masyarakat dengan pikiran, hati dan tangan adalah salah satu perwujudan dari keberanian.

挑战

有人逃避挑战，有人把它看作机会。困难和挑战是生活的一部分，或大或小。挑战本身并不重要，重要的是我们如何看待它和解决它。我们如何应对挑战将决定我们成为什么样的人，决定我们能否克服面临的挑战和困难。

TANTANGAN

Ada orang yang menghindari tantangan. Ada pula yang melihatnya sebagai peluang. Kesulitan dan tantangan adalah bagian dari kehidupan, kadang besar dan adakalanya kecil. Tantangan itu sendiri tidak penting, yang penting adalah bagaimana kita melihat dan menyikapinya. Cara kita menghadapi tantangan mendefinisikan kita sebagai manusia, dan menentukan apakah kita dapat mengatasi tantangan atau kesulitan yang dihadapi.

财富

财富是一种责任。有些有钱人花钱只是为了享乐，为了自己，也许还有其他少数人。但对我来说，我觉得拥有的财富越多，所要承担的社会责任就越多。你花钱的目的，应当是帮助他人找到健康和财富，帮助那些因处境而缺少机遇的人。财富的真正价值和乐趣，是利用它给他人带来改变，而不仅仅是浪费在自己身上。真正的幸福是帮助他人，履行社会责任。

KEKAYAAN

Kekayaan adalah tanggung jawab. Ada orang kaya yang menghabiskan uangnya hanya untuk bersenang-senang, untuk diri sendiri dan mungkin orang lain. Tetapi bagi saya, saya pikir semakin besar kekayaan kita, semakin besar tanggung jawab sosial yang kita emban. Kita harus menggunakan kekayaan untuk suatu tujuan, membantu orang lain mendapatkan kesehatan dan kekayaan untuk mereka sendiri. Juga untuk membantu orang lain yang karena kondisinya hanya punya sedikit kesempatan. Nilai dan kesenangan sejati dari kekayaan adalah memanfaatkannya untuk membantu meningkatkan taraf hidup orang lain, bukan hanya menghabiskannya untuk diri sendiri. Kebahagiaan sejati bisa tercipta karena upaya menolong orang lain dan memenuhi tanggung jawab yang timbul dari kekayaan kita.

团队

团队既是一种管理体系，也是一种精神体系，二者共同推动目标的实现。有共同的目标，团结奋斗，公平回报，互相尊重、互相欣赏，才是一个能有效运作、做好事情的优秀团队。

领导力

领导力是一门艺术。个人价值观、自信和向他人展示自己的方式，都会逐步建立你的领导力。

TIM

Tim merupakan sebuah sistem manajemen dan spiritual yang bekerja sama mencapai tujuan bersama. Memiliki tujuan yang sama, bekerja keras, bersama-sama meraih keberhasilan, menerima imbalan bersama secara adil, serta saling menghormati dan menghargai berarti sebuah tim yang baik akan bekerja sama dengan baik untuk melakukan hal yang baik.

KEPEMIMPINAN

Kepemimpinan adalah seni. Nilai-nilai pribadi, kepercayaan diri dan cara kita membawa diri di depan orang lain akan membangun kepemimpinan kita.

历史

历史可以是个人的历史，也可以是一个民族的历史，一个国家的历史，世界的历史。我们能从历史中学到很多。古代传统文化形成了我个人的历史背景和我们国家的历史背景。古代文化的影响随处可见，尽管不是每个人都能认识到这种影响的根源。我们也正在创造历史，它将影响未来的人们。我们都是历史长河的一部分，这条历史河流曾向我们，也终将流经我们继续向前。

SEJARAH

Sejarah bisa berarti sejarah pribadi, sejarah bangsa, negara atau dunia. Tetapi kita bisa belajar banyak dari sejarah kuno. Kebudayaan kuno membentuk latar belakang saya dan juga negara saya. Pengaruh budaya kuno dapat dilihat di mana-mana, meskipun tidak semua orang dapat mengenali akar pengaruh ini. Kita sedang menciptakan sejarah yang akan memengaruhi orang di masa depan. Kita semua adalah bagian dari sungai sejarah, sungai yang mengalir sebelum kita dan akan mengalir melewati kita juga.

《蕉石牡丹图》◎ 明 ◎ 徐渭

一反过去中国写意花鸟画恬静安适的意趣，徐渭赋予笔下的花卉以强烈的主观情感，产生强烈的艺术感染力。

知逢行家豐本草 爛堆蕉葉倒苺苔 憑伊遮盖 蕪鹽墨免債臕脊抹瘦腮 青藤道士徐渭

Dinasti Ming, Xu Wei, **Palem, Batu dan Bunga Peony**

195 × 99cm

Xu Wei menambahkan sentuhan emosional pribadi yang kuat pada lukisan-lukisannya, menjadikan karyanya revolusi utama atas tradisi lukisan Tiongkok yang mengedepankan kedamaian, keselarasan dan ketenangan.

做出决定就要承担责任。领
导者应该善于决策，因为那
些擅长于此的人将获得团队
的尊重。那些没有勇气做出
决定、不能做出正确及时决
策的人，不会是好的领导。

决定

KEPUTUSAN

Mengambil keputusan adalah memikul tanggung jawab. Pemimpin harus pandai mengambil keputusan karena mereka yang pandai mengambil keputusan akan mendapatkan rasa hormat dari timnya. Mereka yang tidak punya keberanian membuat keputusan dan tidak mampu membuat keputusan yang tepat pada waktu yang tepat, tidak akan menjadi pemimpin yang baik.

腐败

腐败是可耻的。它的存在令人难堪。在一个良好而公平的社会里，没有必要腐败。即使有些人被诱惑，他们周围的社会及他人，都应该态度明确：腐败是不对的。腐败不应成为任何人想要追求的生活方式。

KORUPSI

Adanya korupsi itu sungguh sangat disayangkan. Keberadaannya memalukan kita semua. Dalam masyarakat yang baik dan adil, korupsi tidak boleh ada. Meskipun beberapa orang tergoda untuk korupsi, masyarakat dan orang lain di sekitar mereka harus menyadari betul bahwa korupsi adalah salah. Tidak ada orang yang mau menjadikannya cara hidup.

龙

龙是皇帝的象征，是中国文化的重要符号，它能凝聚人心，让人们为共同的事业齐心协力。

NAGA

Naga adalah simbol kaisar. Naga juga merupakan perlambang yang sangat penting dalam budaya Tionghoa, yang membantu menyatukan orang dan menjaga fokus pada hal-hal yang berarti untuk kita semua.

动力

想要有动力，就要有梦想，有目标，并追求这个目标。

要想拥有并保持生活的动力，你需要设定一个你想要做的或者想要实现的目标。

你必须明确你为之奋斗的方向。否则你就不会有动力，你会漫无目的，或者在各种事务之间不停转移目标。

MOTIVASI

Termotivasi berarti punya mimpi, tujuan dan menge-jar tujuan itu. Untuk punya dan menjaga motivasi dalam hidup, kita harus menetapkan tujuan, sasaran, serta apa yang ingin dilakukan atau diraih. Kita harus tahu arah agar bisa selalu termotivasi. Jika tidak memilikinya, kita tidak akan termotivasi dalam hidup, akan terombang-ambing tanpa minat atau komitmen yang benar.

前进

要开始新的事物，走一条不同的道路，你必须勇敢。但与此同时，要做到这一点，你需要放弃一些东西。因此，在人生中我们会挑选那些有价值、有意义的东西，放弃那些毫无价值的东西。你需要选择该选择的，放弃该放弃的。一旦做出决定，就应毫不犹豫。

MAJU

Untuk memulai sesuatu yang baru, untuk melangkah maju pada jalur yang berbeda, kita harus berani. Namun di saat yang sama, untuk melakukannya kita perlu mengorbankan hal lain. Jadi dalam hidup, kita memilih hal-hal yang berharga dan bermakna dan meninggalkan hal yang tidak berguna. Kita perlu memilih mana hal yang tepat untuk diambil dan memilih hal yang tepat

另一个重要的问题是，你决

不能脚踏两条船，否则你就

会掉进水里。向前走，永远

不要为自己留后路。一旦你

知道自己有后路可走，你就

难以专注于一往无前的道路。

untuk ditinggalkan. Saat membuat keputusan, jangan sampai ragu. Hal penting lainnya adalah jangan pernah menaruh kedua kaki di dua perahu berbeda. Tetapkan di satu perahu, karena, kalau tidak, maka kita akan tercebur ke dalam air. Majulah, jangan sisakan jalan untuk kembali. Jika kita punya rencana cadangan, atau jalan untuk kembali, maka kita akan berhenti mendedikasikan diri untuk maju ke depan.

时间

生命、工作和机遇都是可以用来体现时间价值的重要元素。有些东西在生命中是独一无二的，它们只发生一次或只在那一瞬间。很多人和事情，一旦错过就不再来。时光易逝永不回，我们必须珍惜时间。

WAKTU

Hidup, pekerjaan dan kesempatan − semuanya mewakili waktu, elemen utama yang penting. Beberapa hal dalam hidup ini unik, terjadi hanya satu kali atau sebentar saja. Jika kita melewatkan hal-hal ini, maka waktu terus berlalu dan kita tidak bisa kembali kepada hal-hal tersebut. Waktu yang sudah berlalu tidak bisa kembali. Kita semua harus menghargai waktu dan memahami bahwa waktu berlalu sangat cepat.

不可能被完成。不可能能
成为可能。困难只是毛毛
雨，不是暴风雨。细雨阻止
不了人们前进。

斗牛士

生活中，我们应当像一个斗
牛士。接受挑战，面对挑
战，不畏惧挑战。坚守阵
地，必要时稍作调整，但始
终把你的目光、你的心思专
注于成功上。

MUSTAHIL

Hal yang mustahil dapat diraih. Ketidakmungkinan
dapat menjadi mungkin. Kesulitan hanyalah gerimis,
bukan badai. Gerimis tidak bisa menghentikan orang
untuk melangkah maju.

MATADOR

Dalam hidup, kita harus seperti seorang matador.
Terima tantangan. Hadapi tantangan. Jangan takut
pada tantangan. Tetap berdiri kokoh, bergerak sedikit
jika diperlukan, namun fokuskan pandangan, pikiran
dan hati pada kesuksesan.

道路

路是人走出来的。你不前
进，就不能开辟道路。就生
活中的大多数事情来说，在
你迈进之前，并不存在明确
的途径。随着你向前迈进，
你开辟出了道路，然后进一
步前行。

JALAN

Manusia membuka jalan selagi bergerak maju. Jika kita tidak bergerak maju, maka kita tidak membuka jalan. Banyak hal dalam hidup yang jalannya tidak jelas sebelum kita bergerak maju. Manakala bergerak maju, kita membuka jalan yang akan memungkinkan kita terus melangkah lebih jauh ke depan.

中国

随着中国过去三十年经济的不断变革，政府和人民观念的改变，中国在不断进步。在此之前，中国是一头沉睡的雄狮。现在，它被唤醒了，成为世界经济和社会的中坚力量。

TIONGKOK

Tiongkok terus bangkit sebagai buah dari reformasi ekonomi selama 30 tahun terakhir dan karena pandangan pemerintah dan rakyatnya terhadap dunia. Sebelumnya, Tiongkok adalah seekor singa tidur. Sekarang sang singa sudah bangun sebagai kekuatan ekonomi dan sosial.

文明

文明和文化是相连的，二者在同步发展。我们有责任促成、理解、感激那些帮助我们持续朝着和谐统一美好社会前进的文明和文化的变化。

PERADABAN

Peradaban dan kebudayaan saling terkait. Saat yang satu berkembang, demikian juga yang lainnya. Kita mengemban tanggung jawab untuk berkontribusi, memahami dan menghargai perubahan peradaban dan budaya, yang membantu kita semua untuk bergerak maju menjadi masyarakat yang lebih baik dalam keselarasan dan kesatuan.

遗产

人生不带来死不带去。人的一生，应该为社会作贡献，这是我们所有人的责任，也是我们的荣幸。如果当我们离开时，人们能够记住我们，那才是我们留下的真正遗产。我们可能会留下其他东西，但最重要的遗产，是在我们离开之后，人们对我们的情感和看法。被看作是一个对他人和社会有所贡献的好人，是最重要的遗产。

WARISAN

Manusia lahir dan mati tanpa apapun. Selama hayat dikandung badan, kita wajib berkontribusi pada masyarakat, yang merupakan tanggung jawab kita semua, hak istimewa kita semua untuk berkontribusi. Bagaimana orang mengingat kita saat kita telah tiada adalah warisan sejati yang kita tinggalkan. Kita mungkin bisa meninggalkan hal lain, namun perasaan dan pendapat yang orang miliki tentang kita setelah kita tiadalah yang menjadi warisan terpenting. Dikenang sebagai orang baik yang berkontribusi untuk orang lain dan masyarakat adalah warisan paling penting.

机会

无论你做什么，机会都是少有且珍贵的。有机会给你，这很宝贵。就我自己的经验而言，你一辈子也不会有很多机会，因此，一旦你有机会，一旦你看到了机会，你就应该牢牢抓住它。

KESEMPATAN

Apa pun yang Anda lakukan, kesempatan adalah hal yang sangat langka dan berharga. Mendapatkan kesempatan adalah sebuah hal yang sangat berharga. Dari pengalaman saya sendiri, tidak banyak kesempatan yang datang dalam hidup, maka saat kita mendapatkan kesempatan atau melihat kesempatan dalam hidup, kita harus memanfaatkannya.

当你做出了正确的选择，不要犹豫，不要怀疑。正确的决定其实很简单。为了确保你做出正确的决定，你必须看到事情背后的真相，而不是流于表面。你做出的决定，应当有益于人民，有益于企业，有益于社会。正确的决策背后是基于强大的道德观。

选择

PILIHAN

Ketika kita memutuskan pilihan yang tepat, tidak akan ada keraguan dan kebimbangan. Maka dari itu, keputusan yang tepat sebenarnya sangat sederhana. Untuk memastikan agar kita mengambil keputusan yang tepat, kita harus melihat kebenaran di balik fakta, bukan sekadar melihat hal-hal yang tampil di permukaan. Keputusan yang kita ambil harus bermanfaat untuk orang banyak, untuk bisnis dan masyarakat. Di balik keputusan yang tepat terdapat nilai moral yang kuat.

才能

我们所说的才能，是指一个人为社会作贡献、创造利益的能力。但才能的发挥需要信任。如果你信赖某人，你就给他展示才能的空间。把合适的人放在合适的位置，他们就能做好任何工作。

BAKAT

Saat berbicara tentang bakat, kita berbicara tentang kemampuan dan kecakapan, yang berarti bahwa seseorang bisa benar-benar berkontribusi terhadap masyarakat dan mendatangkan manfaat. Namun bakat juga terkait dengan saling percaya. Saat memercayai seseorang, kita memberi ruang bagi mereka untuk berkontribusi dan menunjukkan bakat serta kecakapan. Jika kita menaruh orang yang tepat di tempat yang tepat, mereka bisa meraih apapun.

工作

工作是多层次的责任。它是你达成目标的途径，也是你养家糊口、建立友谊、维持你的公司、支持你的国家的方式。

传统

传统会随着社会的进步而发展改变。传统应当被尊重，但也要与时俱进。

KERJA

Kerja adalah tanggung jawab dalam banyak tingkatan. Kerja merupakan cara untuk sampai ke tempat yang ingin kita capai, untuk menggapai tujuan. Kerja adalah cara untuk menafkahi keluarga kita, menjalin pertemanan dan mendukung perusahaan serta negara kita.

TRADISI

Tradisi berevolusi seiring kemajuan sosial. Saat masyarakat meningkat, maka tradisi mengikuti. Tradisi harus dihormati, namun juga harus berubah sesuai zaman dan masyarakat saat itu.

非凡

我要做什么事时，总是试图创造一些不同的东西，不同于以往我做过的，也不同于以别人做过的。做非凡的事情，就是创造能给许多人带来巨大快乐的一个个小的奇迹。

公司

企业小的时候是个人的，发展起来后，是国家的，是大家的，是社会的。它为社会大众的利益而存在。

LUAR BIASA

Saat saya melakukan sesuatu, saya selalu berusaha menciptakan sesuatu yang beda, yang lebih daripada yang sudah pernah saya dan orang lain lakukan sebelumnya. Melakukan sesuatu yang luar biasa sama halnya dengan menciptakan mukjizat kecil yang membawa sukacita bagi banyak orang.

PERUSAHAAN

Sewaktu perusahaan masih kecil, sifatnya personal, dan hanya dimiliki oleh sang pendiri. Saat perusahaan menjadi besar dan sukses, maka perusahaan tersebut menjadi milik karyawan dan negara. Keberadaannya adalah untuk kebaikan masyarakat.

执行

在执行过程中，把一个重大的、长期的目标分解成一个个可实现的短期目标，然后一个一个完成，这很重要。那些眼里只有长期目标的人往往根本不采取行动，因此他们失败了。当你一个接一个地完成小目标时，大的目标自然就会实现。因此，在制定小目标中，不要好高骛远，永远保持实际。人们认为成功来自于尝试不可能的事情，恰恰相反，它通常来自于踏实和效率。

PELAKSANAAN

Dalam proses pelaksanaan, sangat penting untuk membagi tujuan utama dan jangka panjang menjadi tindakan jangka pendek dan bisa dicapai, lalu menyelesaikannya satu per satu. Orang yang berfokus hanya pada tujuan jangka panjang seringkali tidak melakukan tindakan apapun, oleh karenanya mereka gagal. Saat kita menyelesaikan tujuan kecil satu per satu, maka tujuan besar akan tercapai dengan sendirinya. Oleh karena itu, janganlah memaksakan diri dan terlalu ambisius dalam menentukan tujuan kecil, dan harus senantiasa bersikap praktis. Orang mengira sukses berasal dari usaha menaklukkan hal mustahil, namun sebaliknya, sukses berasal dari kesederhanaan dan efisiensi.

《墨葡萄图》◎ 明 ◎ 徐渭

徐渭是明代书画和诗词大家。他为人狂放不羁，他的画同样惊世骇俗，打破了传统的手法、题材范畴和审美规范，自成一家。

这幅《墨葡萄图》风格疏放，不求形似，代表了徐渭大写意花卉的风格，也是明代写意花卉高水平的杰作。

Dinasti Ming, Xu Wei, **Grapes**

116,4 × 64,3cm

Xu Wei adalah salah satu pelukis terhebat di zaman Tiongkok kuno. Sesuai karakternya, lukisan hasil karyanya sangat boros dan bebas di mana dia menciptakan genre tersendiri, "Pokok Anggur Hijau" yang membuka gerbang menuju lukisan modern Tiongkok. Karya ini merupakan mahakarya Xu Wei, yang mewakili tingkat tertinggi dalam bidang lukisan tangan di Tiongkok.

一线

有多少高级管理人员定期到一线探访？又有多少人了解员工面临的实际问题，并提出切实可行的解决方案？有多少经理让一线员工了解他的战略目标和管理理念，并对每个职位的职能有深刻的了解？又有多少经理亲自指导、激励和表扬他们的一线员工？公司的重要决策需要在一线落实，一个不经常探访一线，不了解来自一线的独特变化和挑战的经理，无法为他们的业务做出正确的决策。

LINI DEPAN

Berapa banyak manajer senior yang mengunjungi lini depan secara teratur? Berapa banyak yang memahami masalah nyata yang dihadapi karyawannya dan meng-usulkan solusi praktis? Berapa banyak manajer yang menyebarkan target strategis dan filosofi manajemen kepada staf lini depan mereka, dan punya pemahaman mendalam tentang tugas dan tanggung jawab setiap po-sisi? Berapa banyak manajer yang membina, memoti-vasi dan memuji staf lini depan mereka secara pribadi? Lini depan adalah tempat diambilnya tindakan-tindak-an paling penting di perusahaan mana pun. Manajer yang tidak mengunjungi staf lini depannya secara teratur dan tidak memahami perubahan dan tantangan unik yang dihadapi lini depan tidak akan bisa mengam-bil keputusan yang tepat untuk bisnis mereka.

管理

管理者必须懂得如何与人真
诚相处。真诚和真实能温暖
人心，创造一种人人都能诚
意行事的环境。这是个人和
企业发展的绝佳氛围。一个
真正可靠的人，更多的是理
解和肯定，而非一味批评。
这样的人不会冷漠，拒人于
千里之外，而是热心、善于
鼓舞士气的人。

MANAJEMEN

Manajer harus tahu bagaimana bersikap tulus kepada
orang lain. Sikap yang tulus dan murni menghangatkan
hati banyak orang dan menciptakan lingkungan yang
membuat setiap orang nyaman bersikap tulus. Inilah
atmosfir terbaik untuk pengembangan personal dan
bisnis. Orang yang benar-benar tulus jarang mengkri-
tik, lebih pengertian dan positif. Mereka tidak bersikap
dingin dan tidak menjaga jarak dengan orang lain, na-
mun bersikap hangat dan membesarkan hati.

竞争

商业竞争是血腥残酷的。这场比赛中唯一的规则就是丛林法则——适者生存。优胜者获得奖赏，而弱者消失。狭路相逢，妥协意味着彼此对手打倒出局。在竞争激烈的环境中，只有最勇敢的人才能胜出。获得竞争胜利的企业，也应为能够继续向员工提供稳定的工作和职业发展而感恩。

PERSAINGAN

Persaingan dalam bisnis bersifat kejam. Satu-satunya aturan dalam persaingan ini adalah hukum rimba-yang kuat akan menang. Pemenang dihargai dan yang lemah disingkirkan. Di lingkungan yang penuh kompetisi ketat, hanya yang paling pemberani yang bisa menang. Bisnis yang menang harus bersyukur karena mereka bisa terus menyediakan lapangan kerja dan peningkatan karir untuk karyawannya.

成就梦想：李金元语录

© 2017　李金元、凯文·麦康基
© 2017　壹嘉出版
所有权利保留

ISBN-10: 0-9994263-5-4
ISBN-13: 978-0-9994263-5-7

印尼语翻译：Prasetio Handayani
特约印尼语编辑：Asep Muhajir
装帧设计：视觉共振设计工作室
壹嘉出版在美国出版
www.1plusbooks.com
旧金山，美国

Menggapai Mimpi Anda: Kata-kata Bijak Li Jinyuan
Oleh Li Jinyuan, Kevin McConkey
Hak Cipta Dilindungi Undang-undang
2017 1 Plus Books

ISBN-10: 0-9994263-5-4
ISBN-13: 978-0-9994263-5-7

Dialihbahasakan oleh Prasetio Handayani
Penyunting khusus: Asep Muhajir
Desain oleh PanGo Vision
Dipublikasikan di Amerika Serikat
 oleh 1 Plus Publishing & Consulting
www.1plusbooks.com
San Francisco, Amerika Serikat

www.ingramcontent.com/pod-product-compliance
Lightning Source LLC
Chambersburg PA
CBHW070737220326
41598CB00024BA/3455